Por el mar,
con los monstruos de Ovidio
a otra parte

MUSEO SALVAJE
Colección de poesía
Homenaje a Olga Orozco

Homage to Olga Orozco
Poetry Collection
WILD MUSEUM

Francisco Trejo

**Por el mar,
con los monstruos de Ovidio
a otra parte**

Nueva York Poetry Press LLC
128 Madison Avenue, Office 2RN
New York, NY 10016, USA
Telephone number: +1(929)354-7778
nuevayork.poetrypress@gmail.com
www.nuevayorkpoetrypress.com

*Por el mar,
con los monstruos de Ovidio
a otra parte*

© 2025 Francisco Trejo

ISBN-13: 978-1-966772-86-6

© *Poetry Collection*
Wild Museum 66
(Homage to Olga Orozco)

© Blurb:
Valeria Guzmán Pérez

© Publisher & Editor-in-Chief:
Marisa Russo

© Layout Designer:
Moctezuma Rodríguez

© Cover Designer:
William Velásquez Vásquez

©Author's Photographer:
Juan Carlos Olivas

© Cover Image:
Jaime Vásquez
"Narciso" 1.20 x 70 cm,
acrílico sobre tela,
periodo *Paradigmas en el tiempo*, 1994

Trejo, Francisco
Por el mar, con los monstruos de Ovidio a otra parte, 1ª ed. New York: Nueva York Poetry Press, 2025, 138 pp. 5.25" x 8".

1. Mexican Poetry   2. Latin American Poetry

All rights reserved. No part of this publication may be reproduced, distributed, or transmitted in any form or by any means, including photocopying, recording, or other electronic or mechanical methods, without the prior written permission of the publisher, except in the case of brief quotations embodied in critical reviews and certain other non-commercial uses permitted by copyright law. For permissions contact the publisher at: nuevayork.poetrypress@gmail.com.

A Iván Cruz Osorio

Los lugares reales jamás aparecen en los mapas.

HERMAN MELVILLE

*Lo mejor es no nacer,
pero en caso de nacer,
lo mejor es no ser exiliado.*

CRISTINA PERI ROSSI

*La poesía crece como el árbol y los pájaros,
no se escribe en paz, a veces en persecución
y el poeta es un bandido
y el poema un documento que delata*

PEDRO SALVADOR ALE

León Bandrés:
descripción de un hecho

Recibí la carta.
No importa quién la redactó, sino el ruido que en
 ella se describe.
Con el éxodo, alejé mis huesos de la hormiga,
le escupí mis 17 años a la muerte;
pero el cóndor se llevó a mi hermano:
lo sacó de su habitación
y lo elevó por los aires para despojarlo de su
 hígado.
Lo dejó caer sobre la mancha de la ciudad
y nadie supo de sus moscas durante varios días.
Se vistió mi muerte
el hermano que no supo decir dónde estaba León
 Bandrés.
Y mi madre, ay,
la más pavesa en el viento,
gritó,
hasta convertirse en una perra contra el mundo
y sangrarse las anginas.
Fue su alarido un jabalí desbocado
y un enjambre sus pensamientos de la muerte.
Dicen que espumó su boca
y a la altura del horizonte se ungió con un mar
 cáustico.
¿Buscó acaso mi máscara o mi último remo en el
 agua?
Madre argentina, pariste mis órganos
y te olvidaste de mi calavera;
sólo diste carne a tu país

y ahora muestra la noche sus frescas cicatrices.
Haz un caramillo, mujer,
con el hueso astillado de tu ternura,
y toca la canción de tu hijo muerto
                              que me mata.

Los monstruos de Ovidio

04/X/1976

Vetusto Asterión:

El saludo, a esta hora, parece no importar a los que tenemos raspada la piel, de tanto entrar al mundo por los pasillos tan angostos. Te escribo para convencerme de que aún no llevo en mi mejilla el beso de la muerte, y de que las palabras siguen en mi mano, porque me he sentido enfermo en los últimos días —muy preocupado por mi aspecto—. Mientras más me miro en los caleidoscopios, más pienso en tu existencia y en la de mi sombra. Creo que un monstruo no sabe lo que es, hasta que la saliva del pueblo le da aviso. He llegado a soñar que un pensamiento me transforma en algo que se asemeja mucho a un animal acuático. Ojalá tuviera, justo ahora, la virtud de describir con precisión. Salí de casa desde hace algunos meses, y mi única urgencia ha sido la de escribir en los muros de las calles una duda tan antigua, como tu propio corazón: «¿qué es lo humano?». A pesar de mis escasos adjetivos, intentaré describirte al híbrido de mi sueño. Tiene un caparazón abrazado por légamos y raíces, unos ojos más pequeños que su boca y una frente alta, igual que la marea. Sus pies achatados parecen bólidos y sus pasos perturban los territorios de la musaraña. Sus clavículas expuestas, tienen el color de la aurora boreal y el sonido eléctrico de las anguilas. Sobresale su ala izquierda con plumas grises, cuando asoma afuera del agua. Sus manos, si es que manos pueden llamarse sus extremidades, tienen los dedos cortos y no pueden tocar el mundo fácilmente. No tiene voz, pero emite ruidos singulares, más cerca del desasosiego que de la estridencia. ¿Puedes imaginar mi sombra en este sueño? Te decía, he estado más cerca de ella que de mi espinazo. El sueño mismo es un híbrido entre lo que no ha de ocurrir y la realidad que conocemos. El sueño, entonces, es la libertad. Quizá puedas ayudarme, tú que has visto el eclipse desde tu cabeza de buey y tu torso humano. Dime, minotauro, ¿cuál es la pregunta que más te duele? ¿A qué llamas encierro si no es el lenguaje el que tensa tu mandíbula? No pretendo perturbarte, sólo quiero unir mi boca a tu cigarro meditativo.

Me despido de ti, siamés de mi aflicción, desde un lugar cercano al lago Titicaca.

Nota: en esta sed, ojalá soñara una carta tuya.

                         Atentamente,

                el soldado, desde el exilio.

12/X/1976

Dafne, dichosa:

Supe que la persecución te llevó a la metamorfosis. En este momento de mi hambre y de mi hueco, también quisiera ser un vegetal, una partícula del aire o un suspiro, al menos, de lo que hay de mí en los mapas. Como tú, yo también renuncio a mis nervios y a la sencilla articulación de mi nombre. No es otra cosa, más que el temor a la especie gramática, lo que me hace dar la espalda a mi armadura, después de haber convocado a la rendición de cuentas. Yo quise la caída de Augusto y alzar el puñal afilado, pero es mi propia carne la que hiero. Después de todo, aunque seas un árbol partido por la mitad, Apolo eleva su arco y apunta a nuestra tetilla izquierda. Disculpa que te escriba un día tan ajetreado, pero no podía dar un paso más en este erial. Además, quizá puedas darme alguna sombra de silencio para pensar de nuevo qué decirle a la vida, porque le he escrito la carta más amable, pero no he recibido acuse alguno. Si es que un día la lee, es probable que logre sentir de nuevo la ternura. No aspiro a nada más, después del transcurso de los años. Sólo quiero sentirme menos solo. Sentir que puedo mirar el mundo desde mi vieja biblioteca. Por favor, acuérdate de mí, cuando algún pájaro

afile su pico en tu hombro. Sabes bien que estoy
de norte a sur, envidiando tu vestido de raíces.
Te abrazo con mi melancolía.

                                              Atentamente,

                              el soldado trashumante.

Anotación en el cuaderno de un tesista

Visité Casa Refugio Citlaltépetl, ubicada en Ciudad de México, con la intención de incrementar mi bibliografía. Al entrar, de lado derecho, a unos pasos de la recepción, encontré una placa con la siguiente escritura:

> El exilio nos hace caminar con la patria a cuestas. Diáspora perseguida de Colombia y el mundo: Bienvenida a México, país de refugio.
>
> Colpaz nov. 2021

Un hombre me observó, desde el fondo. Fumaba. Su rostro, más humo que carne, se escondía del sol que golpeaba el breve patio de la estancia. Al apagar el cigarro, entró al edificio y subió por una escalera. «Lleva mucho tiempo sin hablar», me dijo el guardia. «Baja a fumar cada hora y, si no hay visitantes, se pone a dibujar garabatos en un cuaderno. Dicen que es un poeta sirio y que extraña a su esposa, tanto como puede extrañarse la sal en la punta de la lengua». Me retiré, luego de enterarme del cierre indeterminado de la librería, por motivos de la pandemia. «Con la patria a cuestas», repetí musitando, mientras volvía a casa.

Bajo el efecto
de un somnífero

El tiempo es persiana de papel,
y yo la luz violenta en los cristales que se opacan.
Si este cuerpo tuviera voluntad, soltaría la vigilia
sin ayuda de un somnífero;
pero hace tiempo no domino la carne,
porque mis vértebras soltaron mi estatura.
Nada ven los ojos que no soportan las arenas del
        mundo.
Nada ven si son cuarzos del insomnio
en las cuencas compungidas de una efigie.
Cuando el medicamento atraviesa la boca,
la cabeza pide caer sobre un hombro, un alfiler o
        un campo espigado.
¿Es posible el sueño todavía?
Veo mis manos a través de la noche: son dos
        perros en la playa
tras un pelícano de alcance dudoso.
Hocican poseídos
y humedecen sus fauces con la sal, tan corrosiva,
como mi falta de paciencia.

No hay pájaros en la voz,
cuando se habla con la mitad de la boca.
Y el ruido enfermo se parece tanto a la verdad:
un mirlo que saca de la tierra
al gusano más grotesco
                        y lo devora.

Y la vida humana es tocar las manos de otros.
Yo busco la oquedad
de aquellas que tomaron el cuerpo de mi hijo,
su peso apenas corazón, su forma apenas ánsar,
apenas vuelo sobre esta ciénaga de tábanos.

¿En dónde Rubén?
¿En dónde las manos que bebieron su sangre?

¿Pero qué esfinge esta espera que amamanta
    pensamientos?
¿De qué boca pudo surgir el tamaño de esta
    injuria?
¿Cómo puede morder mi testamento amoroso?
¿Cómo puede arrebatar los nombres a mi carne?
Si pudiera besar las manos de tu asesino,
lo haría para escuchar en sus palmas
el eco de tu hermosa melancolía,
porque así era tu corazón, Rubén,
igual que la fruta en el suelo
tan abierta en cicatrices, pero dulce en tantas
    mieles.

Ah, Rubén, ¿quién te lleva al mutismo sideral?
¿Qué leche en los labios te hace dormir
 enjambrecido?

¿Verdad que duermes?

Ojalá no sueñes mi rostro, ni su garbo pretérito.
Ojalá no me veas en esta imploración.

No soy más un hombre, frente al mismo dolor de
 tu recuerdo,
soy estas fauces abiertas, ansiosas por las manos
que vendaron tus ojos
 y corrieron a esconderse.

En la voz de tu hermano, imagino tu nombre:
Rubén Bandrés, Rubén...
No son espinas sus sonidos,
pero ha de punzar en el cardo de sus nervios.

León,
hijo de mi insomnio que maldice al universo,
¿en qué tierra del exilio sacas punta a tu lápiz?

Tu hermano se ocultó en los verbos más
      desconsolados.

Cuando te marchaste, buscaron tu sombra,
como quien busca una urraca entre los gruesos de
      la noche,
pero tu ausencia los llevó a la alcoba de Rubén,
invocado ahora en los diarios clandestinos.

Busco un par de manos con olor a pólvora,
para pintar en sus palmas el mismo beso
que da un niño al pezón de su madre.

He de lograr que me devuelvan su nombre,
con las sílabas completas.

En el jardín de la casa, enterramos nuestra
    biblioteca.

Como yo, los libros de León y de Rubén
saldrán de la gusana humillación,
porque son huesos sonámbulos,
un crujir de lamentaciones, vísceras, lágrimas,
máscaras con boca de ceniza
sobre el desfigurado rostro de la historia.

Narciso inverso: una entrevista a León Bandrés

(Primera parte)

¿Qué es el nido de un paserino y por qué se incendia con el miedo?

En ese tiempo del exilio yo ya era un monstruo. Y todo monstruo es monstruo porque siente miedo. El miedo me hizo salir de Argentina en octubre de 1976. Temí por mi vida mucho tiempo y, serpiente en constricción, me abracé a ella. Desde esa hora no vi más en los espejos a León Bandrés. Con mi nueva apariencia, he sido un Narciso inverso. Mi reflejo en la sangre hace que me siga deformando. No es que haya buscado un ámbito propicio. A veces las respuestas salvan de un fusil. Ahora que soy más alado, puedo decir que salí de mi casa por preservar la vida. Alguien me avisó que debía irme, como anuncian los animales un terremoto. Sólo tomé una muda de ropa y un ejemplar de mi primer libro publicado. Me fui a Mendoza, donde crucé, clandestino, a Chile, y luego a Perú. El miedo, entonces, puede ser un asunto político.

¿Por qué llora un soldado en tus poemas?

Argentina se ensortijó las sombras cuando yo concluía mi servicio militar. Me tocó vivir el Golpe de Estado siendo un soldado en activo. Al inicio de la ocupación, me buscaron en los cuarteles. Me llamaron La Urraca, porque descubrí algunos nombres conocidos en la lista de las desapariciones. Ahí estaba señalado un profesor mío. Y canté en una carta. Escribí: «Sal del país, porque irán por ti las hijas de la niebla». El sobrino de este destinatario se presentó en mi casa. Pasaba ya la medianoche y todos, al interior, dudamos en abrir. Como no hubo respuesta, el tipo gritó desde la calle: «¡León Bandrés!» Asomé mi corazón, más alto que la noche, y fui advertido: «Detuvieron a mi tío y hallaron la carta que le enviaste. Sal ahora, sal del país porque también vendrán por tus huesos las hijas de la niebla». No hubo tiempo para meditar. Esta urraca huyó con una carta oculta debajo de sus alas: la carta del exilio con la última descripción de su rostro. ¿Notas la importancia del soldado y de las cartas? El discurso del ser humano siempre se parece a su vida. Y la poesía es el plagio de la vida. Dime ahora si la urraca abandonó su país por un asunto político. Tocar el mundo es la cuestión. Yo no supe tocar a la Hidra. No supe asirme del aire.

¿Por qué México podría tener la forma de tus cicatrices?

No tuve muchas nubes para elegir una lluvia propicia. Decidí que fuera este país porque, meses antes del exilio, conocí a un estudiante mexicano que tomaba un curso en la Universidad de Córdoba. Él me dijo, ante el hedor a muerte que comenzaba a quedarse en Argentina, que podía visitarlo en Toluca, cuando lo necesitara. Además, México ya era un lugar abierto a los exiliados, desde la diáspora española. A pesar del refugio, un cóndor seguía acechando. Seguía cayendo como un yunque en las cabezas de la crítica. El Plan Cóndor estuvo aquí en México y desapareció, incluso, a mexicanos progresistas. El número de bajas es incalculable, como las plumas de este carroñero. Mi nombre figuró en sus listas. Fui amenazado varias veces por llamada telefónica. La sombra de este coloso es la tinta de todas mis elegías.

¿Cómo son los árboles cuando te sueñas pájaro?

A veces el silencio es la mejor respuesta. Pero el silencio tiene pájaros para nuestras acrobacias en este intercambio. Y te llevarás algunos para tu cielo espacioso. Pocos saben esta sal, y voy a decírtela ahora: al salir de casa aquella noche, no hubo más hoguera en ese sitio. —Lo supe con los años por medio de una carta—. Vivía con mis padres y Rubén, mi hermano mayor, gran lector de Neruda. Los militares, al no encontrarme, se lo llevaron a él. Días después hallaron su cadáver a las afueras de la ciudad. Más que el cuerpo de un hombre era una estatua sin ojos y sin lengua. Te he dicho que soy, frente a mi reflejo en un charco de sangre, un Narciso inverso, una flor de la peste que se mira y se desprecia. Pero ¿por qué me miro hipnotizado? Tal vez busco el reconcilio con mi país. Busco el abrazo de mi silueta y de mi voz.

¿El exilio concluye o es un gusano en su pupa?

Comparo el exilio con la piel de un quemado. De hecho, el exiliado pierde su cuerpo. Sabe, desde el momento en que cruza la frontera, que su sino es mutar hasta desaparecer. ¿Me escuchas bien cuando hablo? No es la voz total de un cuerpo: es la de un muñón. Por tanto, el exilio nunca termina. Principia desde que atravesamos la vulva de nuestra madre y alguien corta el cordón umbilical. Sí, debe iniciar cuando adquirimos nombre.

¿Por qué no te fuiste más, a otra parte, luego de encontrar un caballo con las patas hacia el cielo?

En Argentina existe un gobierno democrático desde 1983. Ese mismo año regresé a Buenos Aires. Era otro hombre al volver atrás, otras eran las escrituras de mis manos; pero el país seguía ocupado por las moscas. Escuché los zumbidos siniestros al arribar. Solo supe guardar silencio y mostrar mi máscara de barro a los míos. Con una voz crudísima pronuncié la materia esparcida, tanto como mi corazón.

¿La política tiene el rostro de un prófugo?

Los poemas atentan en contra del discurso político. La política miente. Y la poesía da cabeza mientras decapita. No sé si me entiendas. La política es un ebrio que ordena construir la banqueta para orinarla. Un poema es una yerba levantada en la grieta del concreto.

¿Cómo es morir como Ícaro?

Todo pájaro avanza. Se arroja. Posiblemente se estrelle, como se estrella un cuerpo en el mar, al ser lanzado desde un helicóptero, apretado con alambre de púas, para que se reviente en cuestión de días. El pájaro podrá estrellarse en los vuelos de la muerte. Avanza. Se arroja. Pero jamás volará de espaldas.

¿La enfermedad sale o entra por la boca?

Por los nervios existimos los portadores del dolor. Nuestro arte se encuentra en este sistema que nos condiciona a la vida. Hay algunas cosas del exilio que pueden verse, como la poesía, el Parkinson o el vitíligo, pero el verdadero mar está muy adentro y es imposible mostrarlo en su totalidad. Toda enfermedad es monstruosa. O aprendes a acariciar al monstruo, o batallas con él, hasta que uno o más de uno caigan. La dictadura parece ser la enfermedad de Latinoamérica. Es el monstruo más grande de todos los monstruos grandes. ¿Qué relación existe, entonces, entre una víbora y otra? Son lo mismo. El vitíligo es mi forma de borrarme del mundo, hasta ser en el polvo el fósil de un mar turbio.

¿Qué podría responder un monstruo en una carta?

Bajo este cielo fantasma, pienso, con dureza, que cualquiera de los monstruos respondería:
"Si fuera un dios, y no un híbrido, no querría adoraciones. Si fuera un dios, y no un capricho de ellos, azotaría a la humanidad para hacerla cantar".

La perra contra el mundo

En otro tiempo, mi lengua bendijo al universo,
levantó templos de la cal
y nombró las ciudades con espinas que florecen.
Esta lengua, más aurora que yo misma,
nombró también a mis hijos:
Rubén, León,
gemelos de muerte, corazones apretados
en la misma caja de municiones.
Ah, carne de mi atrición,
aquí perra, los invoco, los saco del olvido,
con la poca luz que tengo, como una lágrima,
luego de tanto óxido en la ventana
donde doy asilo a las estrellas fugaces.
Ahora mi ladrido silencia al mundo,
lo empuja con todo el amargor de mis labios,
lo muerde, le arranca sus orillas más negras:
estoy sola en la piel, en ciernes de la rabia.
Aquí el rumor en la jauría,
aquí la garra sobre la carne predadora.
No hay más día después de las ausencias,
y se detiene la aguja de la radio
en la misma estación enlutada.
Hiero mi hocico en la persecución de las moscas,
porque voy a su hervidero:
son el ruido
                        de todos los cadáveres.

Introducción de la tesis

1.1 Breve historia del exilio del poeta y de *La libertad como una espiga*

La libertad como una espiga es un tríptico que integra material inédito de la obra de León Bandrés. Estos tres libros, reunidos por el autor y escritos en diferentes momentos de su exilio,[1] fueron publicados por Dromedario Ediciones en 2015. El primero de ellos, con título homónimo, se comenzó en 1975, cuando Bandrés realizaba su servicio militar en Buenos Aires. Fue desde el ejército donde atestiguó desapariciones y secuestros que sucedían en Argentina, previos al Golpe de Estado. Cuenta el poeta que, en unas listas dispuestas por los altos mandos, descubrió los nombres de algunos conocidos suyos, a los que dio aviso para que abandonaran el país, antes de sus inminentes desapariciones. Esta fue la principal

---

[1] Para Bellver, "el exilio se identifica comúnmente con la separación absoluta de una persona de su tierra natal, generalmente por razones políticas, de guerra, persecución o injusticia; pero el exilio es una experiencia humana de complejas y múltiples implicaciones que trascienden más allá de las consecuencias de la expulsión de uno de su territorio. Junto al exilio geográfico o físico, se pueden distinguir otras variantes de este doloroso fenómeno, las cuales abarcan niveles ontológicos, sociales o psicológicos de la existencia. […] A nivel psicológico, se puede hablar de un exilio que coincide con la predisposición subconsciente hacia sentimientos de enajenación y alteridad o con la ruptura de ciertas necesidades subconscientes de relaciones íntimas. En cualquiera de sus diferentes manifestaciones, el exilio provoca sentimientos de separación, soledad y ausencia que se proyectan frecuentemente en la poesía…". Este dato se ubica en Catherine G. Bellver, "Los exilios y las sombras en la poesía de Concha Méndez", en Rose Corral *et al.*, *Poesía y exilio. Los poetas del exilio español el México*, México, COLMEX, 1995, p. 63.

razón por la que su vida peligró, pues se vio orillado a salir de territorio argentino en 1976, cuando el sobrino de uno de sus maestros, hermano de un sindicalista importante de Córdoba, fue a su casa para advertirle que habían encontrado las cartas que envió desde el batallón, en las que detallaba los crímenes de Estado y daba aviso de los nombres. Ese día, el poeta abandonó Argentina y esperó en Chile durante seis meses, antes de pasar por Perú, donde le sugirieron ir a Suecia y donde optó por viajar a México. A pesar del desplazamiento, continuó con la escritura de *La libertad como una espiga* y concluyó en 1977.[2]

Posteriormente, en el proceso de repatriación de 1983, el autor volvió a Argentina y escribió un libro de poemas titulado *Cuervos salen por una cicatriz*, que publicó ahí mismo en 1984. En él comunica el regreso al país natal y la experiencia del redescubrimiento personal y colectivo después de la dictadura. Como su título lo indica, es un tránsito por las cicatrices de la patria y es también la nostalgia por el país de asilo. Este libro conforma el segundo apartado de *La libertad como una espiga*.

Antes de su regreso a México, junto a su familia, esposa e hija, Bandrés comenzó a

---

[2] Algunos pormenores de la vida de Bandrés los conocí por él mismo, de manera directa, en algunas conversaciones que tuvimos; pero el testimonio detallado sobre este acontecimiento forma parte de una entrevista extensa que le hice en la ciudad de Toluca.

escribir *Biografía hermética del monstruo*, como un paso hacia la comprensión de los hechos históricos y el conocimiento personal. Un año después, en 1985, terminó el libro y con éste ganó el Premio Nacional de Poesía para Jóvenes Mexicanos. La obra presenta nuevas preocupaciones, como el recuento del pasado inmediato y las condiciones del nomadismo, la reflexión sobre la poesía y el posicionamiento del poeta ante la proscripción. Con el uso del género prosístico, intercalado con el verso libre, el texto plantea la historia de un soldado que intenta dirigirse, por medio de la escritura epistolar, a los monstruos de Ovidio, destinatarios que nunca responden. Esta obra, acaso la más importante del *corpus*, es la que cierra el tríptico.

Cabe puntualizar que, de los tres libros mencionados aquí, sólo *Cuervos salen por una cicatriz* fue publicado en su momento; los otros dos, *La libertad como una espiga* y *Biografía hermética del monstruo*, tomando en cuenta el año en que comenzó a escribirse el primero de ellos, permanecieron inéditos durante 40 años, por diferentes circunstancias, hasta su publicación en 2015. Sin embargo, a pesar de este lapso de tiempo, en la reunión de los tres textos se aprecia el fenómeno del exilio en un proceso continuo y circular. A propósito de esto, el tríptico incorpora notas introductorias del autor, en las que se exponen algunos pormenores de la travesía literaria durante el éxodo, el regreso al país natal y el regreso al país de refugio.

Por su carácter cronológico y su estilo frente al padecimiento individual, *La libertad como una espiga* es un motivo para la memoria crítica del fenómeno de dictadura en América Latina, porque registra una postura de experiencia directa, testimonio artístico de valor para nuestra cultura, más allá de la objetividad en las versiones oficiales de la historia.

En suma, esta obra reúne aspectos que exponen la afrenta de la voz lírica y los que la conducen a su restitución, ya que no hay otro libro de poesía que aborde, en un mismo volumen, el problema de la identidad en el exilio y su progreso. El estudio de la poesía del destierro, como la de Bandrés, permite sumar a las letras mexicanas otras preocupaciones de la composición que se desarrollan en este territorio geográfico de importancia para los tratados del refugio político.

Poemas de León Bandrés
recuperados de *Al Yunque*,
revista de poesía

(1977)

Arenga para una parvada

He tocado el viento y ordeno a la naturaleza levantarse. Pido a los volcanes la denostación del universo y a la noche cantar sus perennes hematomas. ¿Cuántas veces, madre ventisca, te insulté en el poema escrito? Ahora toma el hierro que muerde mis costillas y fabrica tus armas. ¡Cuántos de estos cardenales que sangro han de caer sobre la ocupación! Se levantarán las raíces de los árboles para remover la tierra y trazar nuestra derrota en el cielo. Congreguémonos. Como llama el ave rapaz al levantamiento de la carroña, llamo ahora a mi especie a la rendición de cuentas.

Llueve a la una de la madrugada

He tratado de ignorarme. Quiero decir hablarme, cuando afuera hay algo tan parecido a la situación de mis huesos, a mi angosta luz para tocar el mundo y el corazón de aquellos que también se mojan a esta hora y sienten temor. Si no me hablo, no sufro y no me cuestiono por qué el agua, tan violenta, viene a intensificar el anhelo de mi casa. Qué digo casa, acaso mi propia sombra en una pared destruida. No es que el agua me aleje de mi lengua. Sólo es que me aterra un discurso tan ruidoso.

Espejo para un monstruo

No tengas miedo, León. La poesía también es un monstruo. Un monstruo contra el mundo. Un monstruo de amor con espinas. Un monstruo, más lengua que ojos y oídos. Va entre la estepa buscando a sus iguales. Sólo un monstruo es capaz de derrotar a otro. Levanta la cara y mira la noche. La naturaleza ha de obedecerte, porque también llora sus saqueos. Olvida el corazón, piensa tus vísceras inquietas. Hay flechas en tu elegía, no sólo sal. Levántate de entre los matorrales. Aún puedes señalar las nubes que se te parecen. Dirás tu himno con urgencia. Alza el dedo acusador como una bandera. Cada partícula de tu cuerpo contra los hiénidos. León, tienes la vida en el nombre. Oh, León de Nemea. Monstruo eres contra otro.

SEMILLA SECA

Esto no es la noche. Esto es tu madre. Mira su ternura en la muerte de los grillos. No estás solo alrededor de las sombras. Pesas más que toda pesadilla. ¿Cuántas cartas enviaste para merecer esta ruta? Tú no escribías a un hombre. Siempre le escribiste a esta noche. Ya estás aquí, donde debes. Estás con tu madre. Cántale tu cansancio, porque viene con vendas para tus pies. Viene con el agua y mojará de nuevo tu semilla. Aquí están sus manos sobre ti, cuerpo de su cuerpo. Madre lunar, he aquí tu hijo. Dime tu nombre, otra vez, como si fuera un desconocido. Dilo con tu voz esmirlada, tu pájara voz del universo. He llegado hasta ti. Yo nunca escribí cartas a un profesor. Negra madre, yo no estoy huyendo. Estoy contigo.

Selección de
La libertad como una espiga

Un silencio para entrar a casa

Otra vez mi lamento náutico, madre.
Vengo sin ti, sin tu par de manos como una
      hoguera;
mas intento entrar a casa,
como entra el hijo marsupial a su origen,
antes de soñar su calostra noche.
Cierro el mundo ahora, con la fuerza de mis
      párpados,
lo aprieto y lo hago un caleidoscopio:
apenas veo las calles de Córdoba
en las que mi padre anduvo sus locas hondonadas
de estar vivo, de estar y nada más,
igual que un charco de agua, saqueando el cielo.
Veo figuras geométricas y son camino
hacia la entrada de tu hogar,
son tu puerta erguida, sin todas mis escapatorias.
Entra Rubén: mira mis manos
y no se detiene, busca la escalera y sube como un
      zorro;
no te mira, ni tú a él,
estás en el comedor, araña de mi vida,
tejiendo las horas.
Papá tose en otra habitación, porque no deja el
      tabaco.
Me acerco y te beso las mejillas,
huele a pan con dulce de leche, a mate fresco,
huele tu felicidad

y a su alrededor deambulan las abejas
con el polen en sus patas.
Me siento frente a tus manteles.
Trae la olla,
y que su parto espeso sea en mi lugar,
sean aquí los remiendos, el amor,
sean mi nombre y el tuyo
los dos gatos que tuvimos
y se fueron a morir juntos, bajo la mesa,
con su parda monotonía.
¿Aún tienes la milonga en tus labios
y el negro color de los poemas?
Vamos, liebre, a roer la luz
porque hará falta al decir la verdad
que tanto crepita por la noche
y me despierta.

Argento

Tienes todos los pájaros en tu brújula.
Yo guardo sus cadáveres en las sombras
hipnotizantes del bosque.
Cada paso en tu contra, no me aleja,
me devuelve a tus entrañas,
y soy de nuevo un embrión a punto del colapso.
Bajo qué dolor gestas a tus hijos
que han de nacer muertos,
apenas aves derribadas en la historia.
Bajo qué mano sostendrán sus narrativas,
bajo qué poesía morderán el agua,
bajó qué imagen serán, borrosos,
como una pintura detrás de otra
en el estudio de un pintor inseguro de su arte.
Patria tierra, no me marcho, me quedo
más que los que nunca han salido.

Mi cordón umbilical está en esta cornisa,
en esta matutina forma de soltar las estrellas.

EN LA VÍA PÚBLICA

Qué me importa ir llorando por las calles,
si nadie me conoce.
Dirán, es un hombre roto,
mas no sabrán mi caudal:
palabras para otras balsas
                         con las redes destruidas.

Casa

Hasta un pájaro la tiene,
cuando no es alimento de otro pájaro.

Mi casa es el sollozo, vecino de la carne.

Estos muros cuarteados son mi propia especie.

Paserino oscuro

"¿Adónde me llevas a pasear?", grazna cuerva mi
    sombra,
tan gigante en el suelo, tan monstruo de mi huida.

"No llores, mejor abraza mi silencio:
                      soy lo único que tienes".

Desplome de Onán

Escucho la música del cielo, justo ahora que
        avanzo,
pero no consigo melodía, no se abre la boca
como se abre un panal a su abeja:
apenas balbuceo el verso que ha de ser mañana.
Soy Onán, en la blanca libación,
soy el ritmo postrero,
la cera en su llanto tibio, la cera en su agonía.
Onán, he dicho, rechazando la existencia,
muriendo en el polvo,
porque polvo es el camino, en este instante
en el que veo borroso el barandal del universo.
Hoy las estrellas se terminan,
caen sobre la tierra, se derraman, se sofocan:
son un llanto lechoso,
                      mi inerme desplome.

Introspección a la hora del insomnio

Me rompo,
cada vez que estoy con el verso germinado.
La poesía nos enseña a dolernos.
Más allá de la piel, jamás enseña otras cosas.

Si el dolor no te hace ingenioso,
                termina por hacerte un cadáver.

DÍSTICO DE GUERRA

Patria, escribiré un poema acerca de la muerte.
Si cabemos en él, entonces será nuestro.

EL CORAZÓN FRENTE A LOS ANDES

Si la frontera es la piel de un territorio,
yo debo ser la daga que la cruza
                porque entro con violencia,
y con la sangre de la historia me llamo León
        Bandrés,
me llamo Argentina Cabeza de Cerdo en un
        gancho,
me llamo Corazón Esquirloso, Casi Muñón, Casi
        Pulpa,
me llamo Mano Dormida Porelgolpe.
Salgo de este temor estómago,
de este adúltero andar por la patria
en los costados, en las sienes, en los talones.
No volteo hacia atrás
para hacerme hijo del sol,
porque no hay mayor luz en el exilio,
sino los astros, tan lejos del mundo
y de la mano acusadora.

Narciso inverso: una entrevista a León Bandrés

(Segunda parte)

¿El poema abraza como una serpiente?

El poema es un ser humano en su forma más elemental, con el dolor de costumbre.

¿Cuál es la urgencia del poema?

Como nacer, la literatura es una derrota, sea como la piedra de un volcán o sea como la piedra de un brazalete en la tumba del faraón.

¿Cómo es la saliva de un exiliado?

La poesía se escribe para salvar al ser humano. ¿De qué? De sí mismo, de su tedio, de su pesado corazón y del dolor de sus ideas. El problema central de la poesía siempre ha de ser la naturaleza de la muerte. Un exiliado tratará este tema, pero desprendido de las cosas. El poeta del exilio es un mamífero destetado. Y su canto es la elegía. No hay más.

¿La felicidad tiene armas de guerra?

La felicidad es un instante. Es la hija del dolor, una tortuga en marcha, hacia el mar, recién nacida, que acaba en el pico de un depredador. Así de breve es, así de dramática. Mas se siente y se adora sentir. En mi caso, jamás será esa tortuga que llega a su edad adulta y se reproduce.

¿Destruye más un suspiro o una metáfora?

El ejercicio de la poesía es una manera de resistirse a la idea decadente de jamás llegar a un lugar. Si la muerte es el origen de un sismo angustiante, la poesía debe ser una ciudad destruida. El poeta no es sino un acumulador de escombros, el que apila rocas y argamasa para abrirse camino hacia el porvenir.

¿Se puede morder el mundo en una palabra?

La escritura de un poema comienza como un sueño. Un sueño en el que las palabras son parecidas a un alambre que se tuerce, una y otra vez, hasta reventarse. El poema, al igual que el despertar, tiene como meta el eco de algo que se rompe. Poesía y barbarie. Ambas cosas han sido un centauro que monté desde los 17. Sé, desde esta edad, que canto porque voy a morirme. La única calidad de la poesía no puede ser otra cosa que no sea la verdad del mundo.

Si la verdad fuera un monstruo, ¿cómo sería?

Esta verdad, para mí, es la elección de las palabras para un poema que llevará los rasgos de mi rostro, aunque el contrato con el lector sea el de una máscara. Con las palabras, puedes construir un pájaro, una luciérnaga o una avispa, para declarar que existe el aire. Si mi verdad es un animal alado, la de otro poeta puede ser un querubín. La verdad, en resumen, es la posibilidad de mostrarnos, hacernos coincidir en el lenguaje, como un pie en el légamo, adentro de su huella.

¿En dónde dibujas los mapas de México?

Hay algunos diccionarios de escritores que afirman que León Bandrés es un poeta mexicano. Pero yo diría que es un poeta con las latitudes en la piel, como tatuajes. Mexicano sí, dado que mi corazón parece un ajolote: igual que la poesía, se destruye y se regenera.

¿Con qué piedras levantarías una casa?

El poema es esa casa. La falta de una casa también podría ser la definición de la palabra extranjero.

Si perdió su cuerpo el exiliado, ¿qué busca siendo sólo sombra?

Reincorporarse a la historia y a las cosas de este mundo. Sí, debe ser esto: el reconcilio con su especie.

Un guardia de la terminal
de autobuses de Manzanillo
encuentra un cuaderno
con algunos retazos
para el porvenir

Hace tiempo que no toco el mundo
Toco   es cierto   pero sólo cenizas

Cenizas son   sobre las cosas del mundo

*

El verso es la cicatriz de una cesárea
por la que regresa un hombre de su exilio

*

Todo poeta busca deformarse

La poesía es el mar
y el poema el óxido
              en la estructura de los barcos

*

Mira la celebración de los huesos   su unión con el
    polvo

Mira cómo buscan limpiarse la carne
        ser el viejo gancho sin la prenda que dolía

*

Algunos intentan escapar de su dolor
pero yo huyo con el mío   Es mi propia silueta

El dolor es el único sitio
              del que nadie puede exiliarse

*

Odiadísimo León

Es hora de sentarse frente a un espejo
y cantar «La pura verdad»
Después de todo   ya no hay mucho tiempo
        para ensimismarse
porque el mar abre su boca
        y deseas tanto parecerte a su bostezo

*

Pateé mil piedras
y alguna pudo ser
              el primer fragmento de mi casa

*

Dos indigentes
                hacen el amor en una calle
ella sobre él
como una lluvia tierna en las manos lastimadas

Se quedan   Se abrazan al mundo
mientras yo me voy para siempre

                *

Ven a soltar de mi memoria
                Rubén   el árbol de mis nervios
Suelta su rama negra y vuela ya
como el resto de los pájaros

No es tu casa el nido   sino el aire

Una alegoría
propuesta por el tesista

Cingulata

El armadillo se detiene a la mitad de la carretera. Advierte peligro. A la mínima amenaza, se ensimisma, se guarda en su armadura. El armadillo es el poeta. Con un hueso se expone y, a su vez, se refugia del mundo y de sus perros. Un hueso es la poesía, una coraza como voz. Quien quiera entrar en el poeta, debe atravesar el armazón de sus lamentos.

Apartado esencial de la tesis

2.4. CONCIENCIA Y REPRESENTACIÓN DEL YO EN EL TIEMPO Y EN EL MONSTRUO

La figura del monstruo, o lo monstruoso en sí, se presenta como una constante en la poesía de corte social;[3] quizá porque, de acuerdo con Massimo Izzi, es aquella "en cuyo aspecto o en cuyas pautas de comportamiento o manifestación se evidencian anomalías o variantes sustanciales respecto de la realidad natural".[4] Y si hay algo que se ve afectado en la experiencia del exilio es justo la realidad, situación que se refleja en el problema de la relación entre tiempo y espacio, que sólo se resolverá con la hipóstasis al finalizar el episodio del nomadismo, con el regreso a casa:

> La patria aparece en el destierro como teniendo fronteras no tanto en los mapas como en el calendario, puesto que sus límites son los de una

---

[3] Este tópico se encuentra, por mencionar ejemplos relevantes de la poesía latinoamericana, en autores como Jaime Reyes, en *Oración del ogro* (1984), un libro que, de manera curiosa, aparece publicado un año antes de que Bandrés haya ganado el Premio Nacional de Poesía para Jóvenes Mexicanos. Ya Guillén apunta la relación de la poesía del exilio con el mito de Odiseo. Recuérdese que en este mito hay diversos pasajes en los que el héroe se enfrenta con monstruos que van de Polifemo a Escila, de las sirenas a Caribdis. El caso de estos personajes presentados por estos dos autores de poesía mexicana, Bandrés y Reyes, formulan la imagen del monstruo desde la conciencia de la voz lírica. Si bien no de manera tan precisa como aquí, en *Taberna y otros lugares*, de Roque Dalton, se trata la monstruosidad, del mismo modo que en *Fuera de fuego*, de Heberto Padilla, la cuestión de la deformidad que también conduce a lo monstruoso; mientras que en *Falsas maniobras*, de Rafael Cadenas, se presenta un monstruo como hablante lírico, muy a la manera en que lo consigue Bandrés en su libro.

[4] Esta cita de Izzi se recuperó de Vicente Quirarte, *Del monstruo considerado como una de las bellas artes*, México, Paidós, 2005, p. 14.

> duración, la del extrañamiento: sólo en el día del retorno se operará la hipóstasis; es decir, la unión en una sola experiencia del tiempo y el espacio. Esta unión es colisión, ya que el tiempo con el que caminando por el espacio al fin tropezamos viene acompañado con un contundente pretérito que nos cuesta aceptar: el pasado que nosotros no vivimos, varados como desde nuestra partida nos hallábamos en un tiempo no compartido. El espacio es reversible: se puede en él ir y volver. Mas tan sólo se puede volver pagando la vuelta al precio del tiempo irreversible.[5]

Esta reflexión de Solanes señala uno de los aspectos del exilio que replantea la identidad del yo en Bandrés, pues se manifiesta en su literatura por medio de las voces que utiliza. Durante el destierro, se tiene conciencia de lo que el médico español llama "desespacio", y esto se aprecia en la poesía de este autor del exilio argentino. El espacio, en todo caso, es el lenguaje mismo, como territorio. Sin embargo, el tema del tiempo, o "destiempo", siguiendo a Solanes, es más complejo aún; pues, para que acontezca la hipóstasis, debe ocurrir el retorno, en el que el autor adquiere conciencia de su realidad, la unión del espacio y el tiempo:

> Del desespacio se tiene plena conciencia: es en sí y por sí mismo que el desterrado lo descubre. La

---

[5] Josep Solanes, *En tierra ajena. Exilio y literatura desde la "Odisea" hasta "Molloy"*, Barcelona, Acantilado, 2016, p. 291.

conciencia del destiempo, algo o alguien debe dársela. Algo: el espejo que le muestra las canas, la razón que aunque sea la de uno, a uno sermonea como si fuera otro... Alguien: el que le envía una fotografía del huerto familiar en el que destacan unos árboles que no le esperaron para crecer, el corresponsal que manda las esquelas fúnebres de los parientes y amigos fallecidos... Mejor se defiende contra el desespacio que contra el destiempo. Aunque sea en imagen, como el de unos paisajes, o en representación, como en los mapas, de algún modo el espacio de la ausencia se deja ver. ¿Cómo ver el tiempo?[6]

Por medio de la poesía es posible que el sujeto resuelva el detrimento de la identidad y la integración del yo a partir de la hipóstasis. La respuesta a la pregunta de Solanes es el monstruo; porque simbólicamente representa el paso de los años, como lo sugieren el cambio de aspecto en la vejez y la sorpresa en el espejo.[7] De igual manera, esta figura es un elemento con el que se manifiesta la conciencia del presente; es decir, la conciencia de la realidad. En relación con esto, es oportuna la opinión de Eduardo Milán: "Ese acto de presente [...] es a lo que puede aspirar el exilio. Atrás no hay nada, salvo la reconstrucción, y adelante no hay

---

[6] *Ibid.*, p. 294.
[7] El espejo es un elemento que aparece de manera constante en *La libertad como una espiga*, pero es en el tercer libro del tríptico donde muestra su utilidad frente al monstruo que se describe física y emocionalmente.

nada, pero no sólo para el exilio, también para los migrantes y también para la especie humana. Entre dos nadas, entonces podemos definir ese terreno que es lo poético, [que] es un sueño, una fabulación de presencia absolutamente vulnerable".[8]

La monstruosidad en Bandrés, a propósito de la lógica de la reintegración, es el medio que conduce al tiempo presente,[9] aspiración de la poesía del exilio que, cuando ocurre el regreso por la finalización del conflicto que ocasionó el éxodo, se manifiesta de manera más íntegra, pues se termina la esperanza que había sido motor de la escritura durante la distancia del sujeto:

> Al haber el retorno tenido lugar, ya el retorno no puede ser objeto de esperanza. Ya ha acontecido. Se tenía al regreso, lo hemos visto, como vuelta al pasado y a la vez irrupción al futuro. Se vivía para el regreso, decíamos, pero el que así vivía en su

---

[8] Eduardo Milán, Instituto de Estudios Críticos. (2019). *Abandonar la tierra natal* [Video]. Disponible en: https://www.youtube.com/watch?v=_PRXj-Zv0RQ&list=PL9XyWR5TQALGd8LKqDcqx9m0RXaGZ0ZXd&index=17&t=930s. Fecha de consulta: 20 de enero de 2021. Significativamente, a propósito de esta reflexión de Milán, en la cuarta de forros de un libro de Bandrés se encuentra el siguiente texto de Juan Gelman: "El hermoso, valiente libro de León Bandrés nos recuerda que, en la vida, el amor y la muerte no se buscan para encontrar sino para conocer la búsqueda, sus trampas, sus peligros, sus engaños. Sus fulgores también. Los espejos de la búsqueda duran un instante, sus imágenes más. Entre esos dos tiempos navega el deseo y nunca quiere puerto. Los marineros cantan en el puente tendido entre dos nadas". (León Bandrés, *Casa flotante*, Toluca, Mirmidones, 2016.)

[9] Frente al espejo, mencionado varias veces en *La libertad como una espiga*, la voz lírica contempla su imagen cambiada y cae en cuenta de que el tiempo ha pasado; entonces logra tener conciencia del presente, y el pasado y el futuro se convierten en las dos nadas que señala Milán.

intimidad pensaba que no habría en realidad vida sino después del regreso. Se hallaba éste en el porvenir, mas en uno provisional por el que podía discurrirse sin dejar huellas: el futuro propiamente dicho no empezaría sino al retorno. Pero al vivirlo, el regreso se manifiesta como vuelta a las satisfacciones de antaño y también a las indeterminaciones de antaño. Las decepciones que algo o mucho enturbian las satisfacciones no son lo peor. La vida se reanuda, y lo vivido se replantea como un todo.[10]

Como ya se ha señalado, el fenómeno de la hipóstasis ocurre desde el monstruo. Esta figura permite un alejamiento de la persona del poeta, al ser colocado como sustancia de la voz lírica, ya que, mientras en las dos primeras partes de *La libertad como una espiga* el autor se sitúa en el poema con nombre propio, en el tercero, para hacer un recuento del exilio, se instala detrás de la máscara banal, porque no hay cara —de ahí lo monstruoso—, de un soldado que se deforma, un ser híbrido que reúne características de varios animales.

El monstruo, en otros términos, funciona como un elemento para cuestionar la razón

---

[10] Solanes, "Concluir y confluir", *op. cit.*, pp. 310-311.

humana,[11] el carácter civilizador de la especie que es capaz de condenar a sus iguales al nomadismo, como si fueran bandidos o bestias expulsadas por su peligrosidad. A propósito de esto, Isabel Ortega Rion reflexiona, al referirse a Medusa: "Quien la mira se ve reflejado pero fosilizado, un rostro de alteridad, una figura muerta, ciega, sin mirada. Por eso provoca horror. Pero también se puede afirmar que la alteridad es aquello que no es uno: esa multiplicidad, el más allá del mundo ordenado por la razón que todo lo engulle y que todo se apropia; por eso representa la locura, el misterio, la irracionalidad, lo que es inalcanzable porque escapa de la razón".[12]

En esta misma línea, el animal híbrido es una forma de hiperbolizar la figura del exiliado, y de la poesía misma, como si se requiriera de un monstruo para enfrentar al poder, monstruo también en múltiples ocasiones, a lo largo del libro; es decir, un monstruo frente a otro monstruo, a manera de espejo, en pleno equilibrio de fuerzas.

---

[11] A propósito de esto, Solanes afirma que "Hay una forma de rechazo, el exilio, que, muy curiosamente, es visto como especialmente significativo de la condición humana tanto por aquellos que rechazan como por los rechazados. El exiliado es el paradigma del hombre. Se considera a los exiliados como hombres por excelencia, y son muchos los pueblos que hacen remontar su linaje hasta algún real o fabuloso exiliado. Es decir, la sociedad rechaza a los que se desvían del modelo escogido para todos, y, una vez ahuyentado, los que se desvían, se declara que son ellos precisamente quienes representan a todos", en Solanes, "El exiliado como modelo del hombre. Universalidad del modelo", en *op. cit.*, p. 28.
[12] Isabel Ortega Rion, "Medusa, el silencio del monstruo", en *Aurora*, núm. 18 (2017): p. 98.

Lo monstruoso permite pensar en el extrañamiento experimentado por el poeta durante el exilio, una perplejidad frente a lo insólito del espacio nuevo al que se llega y frente a los otros. A lo largo de *La libertad como una espiga* se comunica la monstruosidad desde diferentes fuentes mitológicas: el minotauro, Goliat y Satanás,[13] mientras que en *Biografía hermética del monstruo* se retoma como resultado de la imaginación del sueño.

---

[13] Véase, respectivamente, "No es ideal" (32), "Romántica" (18) y "Galope precipitado y jadeante de fiera herida" (178). La figura del diablo aparece en diversos poemas, sobre todo de la última parte del libro.

Correo electrónico
enviado al tesista,
luego de preguntar
por el paradero
de León Bandrés

Estimado F.:

Agradezco mucho su preocupación. Hoy se cumplen dos años de la desaparición de mi padre. Es sabido por muchos el asunto de su taller de poesía, al que fue invitado en el puerto de Manzanillo. Por aquellos días, un periodista argentino, muy famoso, que había conocido en La Habana, lo visitó en Colima. Estoy enterada de esto porque él mismo me lo dijo. Me llamó, como era su costumbre, y me describió el pequeño pueblo de Comala, lugar preciso de su encuentro con el periodista. Sé, por la entrevista publicada meses después en la televisión argentina, que habló por primera vez algunas cosas acerca de su exilio. Luego de eso, un amigo suyo me dijo que abordó un barco de la Marina Mercante, dirigido a Callao, Perú. Pero esta aseveración es incongruente. Hay quien dice que se le vio, por última vez, en la terminal de autobuses. Que su rostro no era más el de un hombre. Debió ser que dejó su alma desovando en algún punto, y la abandonó, como se abandona el poema en un libro. Si lo imagino, en esa posición, buscando un destino, lo hago pensando en su edad: la más agua que esponja, la más sal y nada más. Su alma no regresó a su cuerpo. Se fue tortuga y no se encuentra en la carne. Como Glauco el marino, su alma se distorsiona, se convierte en un monstruo del tiempo. Nosotros, ahora, le llenamos de sarro al mencionar su nombre. El objetivo de mi padre siempre fue deformarse, para desaparecer. La noticia de la muerte de mi abuelo a causa del virus que infestó al mundo, lo dejó incompleto, más que el propio exilio. Este hecho fue el que le provocó el vitiligo. ¿Que si sé de su paradero? Debe estar en casa, porque todo polvo es la llave de una puerta. Antes de despedirme, comparto contigo una inscripción que hizo en mi libreta de notas, una tarde, mientras tomábamos café en Toluca: "Por el mar, con los monstruos de Ovidio a otra parte".

Atentamente,

Leonor Bandrés.

Acerca del autor

Francisco Trejo (Ciudad de México, 1987). Poeta, ensayista, investigador y editor. Autor de *Esdrújulo monstruo, animal de lágrima en sus ojos amarillos* (2022), *Derrotas. Conversaciones con cuatro poetas del exilio latinoamericano en México* (2019), *Penélope frente al reloj* (2019/2021), *Balada con dientes para dormir a las muñecas* (2018), *De cómo las aves pronuncian su dalia frente al cardo* (2018/2021), *Canción de la tijera en el ovillo* (2017/2020), *El tábano canta en los hoteles* (2015, 2025), *La cobija de Ares* (2013) y *Rosaleda* (2012). Una muestra de su obra está incluida en *Carta deshecha en el mar del remitente* (2021), *Sumario de los ciegos (Antología personal)* (2020), *Epigramas inscritos en el corazón de los hoteles* (2017) y *Antología general de la poesía mexicana. Poesía del México actual. De la segunda mitad del siglo XX a nuestros días* (2014). Entre otros reconocimientos, obtuvo el VIII Premio Nacional de Poesía Ignacio Manuel Altamirano 2012, el XIII Premio Internacional Bonaventuriano de Poesía 2017, el VI Premio Internacional de Poesía Paralelo Cero 2019, el segundo lugar de los International Latino Book Awards 2020 y el XIV Premio de Poesía Editorial Praxis 2021.

ÍNDICE

Por el mar, con los monstruos de Ovidio a otra parte

León Bandrés: descripción de un hecho · 17
Los monstruos de Ovidio · 21
Anotación en el cuaderno de un tesista · 27
Bajo el efecto de un somnífero · 31
Narciso inverso: una entrevista a León Bandrés
(Primera parte) · 41
La perra contra el mundo · 53
Introducción de la tesis · 57
Poemas de León Bandrés, recuperados de
Al Yunque, revista de poesía (1977) · 63
Selección de *La libertad como una espiga* · 69
Narciso inverso: una entrevista a León Bandrés
(Segunda parte) · 81
Un guardia de la terminal de autobuses de
Manzanillo encuentra un cuaderno con algunos
retazos para el porvenir · 93
Una alegoría propuesta por el tesista · 99
Apartado esencial de la tesis · 103
Correo electrónico enviado al tesista, luego de
preguntar por el paradero de León Bandrés · 113
Acerca del autor · 117

La idea de este libro surgió del estudio que realicé sobre la obra de Pedro Salvador Ale (Argentina, 1954) —poeta exiliado en México durante la década de los 70—, cuando cursaba la Maestría en Literatura Mexicana Contemporánea en la Universidad Autónoma Metropolitana (UAM), Unidad Azcapotzalco. León Bandrés es un personaje que se mueve entre los ecos y las sombras de esta investigación de 2019, titulada *Exilio, padecimiento y restitución en* Libertad condicional *de Pedro Salvador Ale*.

WILD MUSEUM
MUSEO SALVAJE
Latin American Poetry Collection
Homage to Olga Orozco (Argentina)

1
La imperfección del deseo
Adrián Cadavid

2
La sal de la locura / Le Sel de la folie
Fredy Yezzed

3
El idioma de los parques / The Language of the Parks
Marisa Russo

4
Los días de Ellwood
Manuel Adrián López

5
Los dictados del mar
William Velásquez Vásquez

6
Paisaje nihilista
Susan Campos Fonseca

7
La doncella sin manos
Magdalena Camargo Lemieszek

8
Disidencia
Katherine Medina Rondón

9
Danza de cuatro brazos
Silvia Siller

10
Carta de las mujeres de este país /
Letter from the Women of this Country
Fredy Yezzed

11
El año de la necesidad
Juan Carlos Olivas

12
El país de las palabras rotas / The Land of Broken Words
Juan Esteban Londoño

13
Versos vagabundos
Milton Fernández

14
Cerrar una ciudad
Santiago Grijalva

15
El rumor de las cosas
Linda Morales Caballero

16
La canción que me salva / The Song that Saves Me
Sergio Geese

17
El nombre del alba
Juan Suárez

18
Tarde en Manhattan
Karla Coreas

19
Un cuerpo negro / A Black Body
Lubi Prates

20
Sin lengua y otras imposibilidades dramáticas
Ely Rosa Zamora

21
*El diario inédito del filósofo vienés Ludwig Wittgenstein /
Le Journal Inédit Du Philosophe Viennois Ludwig Wittgenstein*
Fredy Yezzed

22
El rastro de la grulla / The Crane's Trail
Monthia Sancho

23
Un árbol cruza la ciudad / A Tree Crossing The City
Miguel Ángel Zapata

24
Las semillas del Muntú
Ashanti Dinah

25
Paracaidistas de Checoslovaquia
Eduardo Bechara Navratilova

26
Este permanecer en la tierra
Angélica Hoyos Guzmán

27
Tocadiscos
William Velásquez

28
*De cómo las aves pronuncian su dalia frente al cardo /
How the Birds Pronounce Their Dahlia Facing the Thistle*
Francisco Trejo

29
El escondite de los plagios / The Hideaway of Plagiarism
Luis Alberto Ambroggio

30
*Quiero morir en la belleza de un lirio /
I Want to Die of the Beauty of a Lily*
Francisco de Asís Fernández

31
La muerte tiene los días contados
Mario Meléndez

32
Sueño del insomnio / Dream of Insomnia
Isaac Goldemberg

33
La tempestad / The tempest
Francisco de Asís Fernández

34
Fiebre
Amarú Vanegas

35
63 poemas de amor a mi Simonetta Vespucci /
63 Love Poems to My Simonetta Vespucci
Francisco de Asís Fernández

36
Es polvo, es sombra, es nada
Mía Gallegos

37
Luminiscencia
Sebastián Miranda Brenes

38
Un animal el viento
William Velásquez

39
Historias del cielo / Heaven Stories
María Rosa Lojo

40
Pájaro mudo
Gustavo Arroyo

41
Conversación con Dylan Thomas
Waldo Leyva

42
Ciudad Gótica
Sean Salas

43
Salvo la sombra
Sofía Castillón

44
Prometeo encadenado / Prometheus Bound
Miguel Falquez Certain

45
Fosario
Carlos Villalobos

46
Theresia
Odeth Osorio Orduña

47
El cielo de la granja de sueños / Heaven's Garden of Dreams
Francisco de Asís Fernández

48
hombre de américa / man of the americas
Gustavo Gac-Artigas

49
Reino de palabras / Kingdom of Words
Gloria Gabuardi

50
Almas que buscan cuerpo
María Palitachi

51
Argolis
Roger Santivañez

52
Como la muerte de una vela
Hector Geager

53
El canto de los pájaros / Birdsong
Francisco de Asís Fernández

54
El jardinero efímero
Pedro López Adorno

55
The Fish o la otra Oda para la Urna Griega
Essaú Landa

56
Palabrero
Jesús Botaro

57
Murmullos del observador
Hector Geager

58
El nuevo gusano saltarín
Isaac Goldemberg

59
Tazón de polvo
Alfredo Trejos

60
Si miento sobre el abismo / If I Lie About the Abyss
Mónica Zepeda

61
Después de la lluvia / After the Rain
Yrene Santos

62
*De plomo y pólvora. Poesía de una mente bipolar /
Of Lead and Gunpowder. Poetry of a Bipolar Mind*
Jacqueline Loweree

*

**New Era:
Wild Museum Collection & Arts**
Featuring Contemporary Hispanic American Artists

63
Espiga entre los dientes
Carlos Calero
Cover Artist: Philipp Anaskin

64
El Rey de la Muerte
Hector Geager
Cover Artist: Jhon Gray

65
Cielos que perduren
José Miguel Rodríguez Zamora
Cover Artist: Osvaldo Sequeira

66
Por el mar, con los monstruos de Ovidio a otra parte
Francisco Trejo
Cover Artist: Jaime Vásquez

POETRY COLLECTIONS

ADJOINING WALL
PARED CONTIGUA
Spaniard Poetry
Homage to María Victoria Atencia (Spain)

BARRACKS
CUARTEL
Poetry Awards
Homage to Clemencia Tariffa (Colombia)

CROSSING WATERS
CRUZANDO EL AGUA
Poetry in Translation (English to Spanish)
Homage to Sylvia Plath (United States)

DREAM EVE
VÍSPERA DEL SUEÑO
Hispanic American Poetry in USA
Homage to Aida Cartagena Portalatín (Dominican Republic)

FIRE'S JOURNEY
TRÁNSITO DE FUEGO
Central American and Mexican Poetry
Homage to Eunice Odio (Costa Rica)

INTO MY GARDEN
English Poetry
Homage to Emily Dickinson (United States)

I SURVIVE
SOBREVIVO
Social Poetry
Homage to Claribel Alegría (Nicaragua)

LIPS ON FIRE
LABIOS EN LLAMAS
Opera Prima
Homage to Lydia Dávila (Ecuador)

LIVE FIRE
VIVO FUEGO
Essential Ibero American Poetry
Homage to Concha Urquiza (Mexico)

FEVERISH MEMORY
MEMORIA DE LA FIEBRE
Feminist Poetry
Homage to Carilda Oliver Labra (Cuba)

REVERSE KINGDOM
REINO DEL REVÉS
Children's Poetry
Homage to María Elena Walsh (Argentina)

STONE OF MADNESS
PIEDRA DE LA LOCURA
Personal Anthologies
Homage to Julia de Burgos (Argentina)

TWENTY FURROWS
VEINTE SURCOS
Collective Works
Homage to Julia de Burgos (Puerto Rico)

VOICES PROJECT
PROYECTO VOCES
María Farazdel (Palitachi) (Dominican Republic)

WILD MUSEUM
MUSEO SALVAJE
Latin American Poetry
Homage to Olga Orozco (Argentina)

OTHER COLLECTIONS

Fiction
INCENDIARY
INCENDIARIO
Homage to Beatriz Guido (Argentina)

Children's Fiction
KNITTING THE ROUND
TEJER LA RONDA
Homage to Gabriela Mistral (Chile)

Drama
MOVING
MUDANZA
Homage to Elena Garro (Mexico)

Essay
SOUTH
SUR
Homage to Victoria Ocampo (Argentina)

Non-Fiction/Other Discourses
BREAK-UP
DESARTICULACIONES
Homage to Sylvia Molloy (Argentina)

For those who think like Juan Gelman that *No debiera arrancarse a la gente de su tierra o país, no a la fuerza...* this book was published May 2025 in the United States of America.

www.ingramcontent.com/pod-product-compliance
Lightning Source LLC
Chambersburg PA
CBHW022148180426
43200CB00028BA/378